비단강 노을

비단강 노을

|다래헌시선 234|

비단강 노을

들샘 이흥우 제7시조집

다래헌
Daraeheon

|서시|

어릴 적
시냇물이
넓고 긴 장강으로

고희를
넘긴 뱃길
비단강 노을 되어

살아온
향기들 담아
일곱째를 선뵌다.

┃목차┃

제1장 금강의 노래

제2장 춤추는 억새밭

제3장 비단강 노을

제4장 세월의 강

제1부.

금강의 노래

비단강 낙조

노을빛 하늘처럼
남은 삶 살라 하여

번지는 담묵 보듯
전하는 뜨거움은

까만 밤
불덩이 안은
긴 그림자 그리움.

서산에 걸친 백발
홍시로 물든 산하

농익힌 강물 위로
뒤안길 보여 주듯

바람은
옷소매 추켜
조각달을 띄운다.

억새밭 강둑에서

청잣빛 깊은 하늘 비행기 윤슬 되어
물고기 번쩍이듯 초승달 손짓하니
해넘이 노을빛 속에 은빛 술잔 빛난다.

갈맷빛 어디 가고 흰 억새 물결 일어
먼발치 에움길로 달려온 뒤안길은
어느새 농익힌 강물 홍시 하나 붉혔다.

잉걸불 울음 묻혀 불타는 몸부림은
서산에 걸친 백발 노을로 물든 산하
억새는 소슬바람에 술렁대며 웁니다.

상사화

장맛비 흠뻑 젖어
그리움 눈물 쏟는

피 토한 아픈 사랑
긴 목에 얹어 놓고

어둔 밤
임 오시는 길
등불 밝혀 그리다.

연밥이 익어가는 7월

연밥이 익어가는
칠월의 가슴에는

피 끓는 장맛비에
잉태한 꽃봉마다

세월에
떨구는 꽃잎
까만 씨앗 품는다.

16

등 밝힌 백련

바람결 웃는 자태
은 달빛 물들여서

개개비 울음 묻혀
등 밝힌 꽃봉마다

무더위
옷고름 풀어
연밥 씨앗 맺혔다.

봄비 내린 아침

봄비에 젖은 가슴
한 움큼 부풀어져

산수유 눈웃음에
찢어진 저고리는

봄 처녀
매달린 하늘
거울 보듯 빛났다.

왜가리

궁남지 연지마다
봄비로 가득 찬 논

왜가리 떼로 모여
새봄을 노래하듯

왝 왝 왝
버드나무에
혼례잔치 환하다.

새봄맞이

병아리 입 벌리듯 모두 다 흥얼대며
봄바람 웃고 가는 샛노란 개나리 꽃
봄 햇살 봇짐을 풀어 노랑나비 춤춘다.

밤새워 울어주던 개구리 아픔에도
밤하늘 찢기우며 새봄을 열고 있어
멍하니 바라본 하늘 재채기로 답한다.

가을을 느끼며

풀죽은 매미 울음
스산한 조석 바람

땡볕의 무더위에
대머리 알몸 보듯

누렇게
늙은 호박이
둥근 달을 부른다.

말복 더위

말복이 코앞인데
물러설 기미 없이

가마솥 찜통더위
뽐내는 매미 울음

소나기
비지땀 식혀
조롱박이 웃는다.

부소산을 돌며

가부좌 참선하듯
옆에 낀 백마강은

고란사 종소리에
물안개 피어올라

물새 알
천년 꿈 젖어
구곡간장 달랜다.

옆구리 휘어 돌아
강물에 우는 달빛

태자골 사자루에
산까치 둥지 틀면

낙화암
꽃잎 날리어
눈물 젖는 두견화.

연밥을 보며

불 밝힌 등불처럼
새하얀 연꽃 마음

정한수 머금은 듯
내뿜는 꽃향기에

남은 건
뻥 뚫린 연밥
사랑 가득 꽉 찼다.

성흥산

가림성 사랑 나무
부부의 연을 맺어

해맞이 다짐처럼
큰 꿈이 익는 이곳

해넘이
고운 사랑이
성흥산에 물든다.

봄맞이

맥 짚어 내린 봄비
한 움큼 부푼 꽃봉

산수유 눈웃음에
찢어진 저고리는

뒷동산
계곡물 모여
버들피리 부른다.

꽃망울 녹여내어
벗겨진 치마폭에

그리움 촛농 굳듯
눈물이 마른 봄날

낮달이
잠긴 웅덩이
부침개에 노닐다.

입춘

처마 끝 봄 햇살은
고뿔 든 재채기로

고드름 목탁 치듯
잔설이 녹는 음달

눈사람
귀띔해 주듯
몸을 녹여 알린다.

4월

완연한 봄날 속에
목련화 무르익어

뼈아픈 신음소리
버무린 꽃 내음은

민들레
홀씨가 되어
꿈을 안고 떠난다.

고드름을 바라보며

날이 선 서릿발에
절벽 끝 노숙자로

고드름 자라나듯
세상을 바라보면

염불로
뼈 깎는 눈물
절간 한 채 지었다.

이상 기온

봄꽃이 철을 잊어
늦가을 꽃을 보듯

철칙이 없어져서
세상은 어리둥절

재판관
날씨에 속아
봄이라고 말한다.

가을이 오는 길목

따가운 한낮 햇살
낮달이 잠이 들고

스산한 바람결로
수수 목 고개 숙여

가을이
오는 길목은
흰 구름이 떠간다.

첫눈

가로등 불빛 아래
함박눈 쌓이는데

봉선화 물든 손톱
첫눈을 기다리듯

눈사람
윤슬 빛나듯
가슴앓이 설렌다.

선물로 내린 첫눈

한 스푼 사랑 묻혀
해맑게 내린 첫눈

봉선화 물든 손톱
양파 속 마음 보듯

기다림
첫눈을 보며
감춘 마음 문 연다.

동짓달 단풍

큰 들통 술 마신 듯
속까지 불타는 넌

동짓달 다홍치마
소방차 부른 절규

또다시
뜨거운 가슴
엄동설한 녹인다.

26

소설 절기에

냉온탕 오고 가는
널뛰기 환절기에

고뿔 든 재채기로
날 울린 곶감 맛은

흑장미
이상 기온 속
오한 떨며 웃었다.

봄채소를 갈며

봄기운 만연하다
텃밭에 씨앗 갈아

먹거리 풍성하면
아들딸 자주 오렴

덩달아
친환경 채소
달팽이도 모인다.

대설을 맞으며

매서운 바람 꼬리
깨끼발 넘어지듯

동짓달 긴긴 밤은
토막 난 그리움이

이불 속
웃음꽃 피어
하얀 밤을 덮는다.

까만 밤 뭇 별들이
일제히 깨어나서

흐벅진 가슴 보듯
백설기 쌓인 밤은

겨울밤
다듬이 소리
추억 여행 떠난다.

겨울 밤안개

가로등 불빛 젖어
아롱진 모습이다

밤부터 부풀부풀
녹여낸 새벽안개

어쩌지
가려진 장막
꿈속에나 뵈려나.

나의 길

굽어진 길을 간다
계곡물 흘러가듯

남들이 가지 않는
험한 길 돌음길로

오늘도
고개 숙이고
흥얼대며 걷는다.

오월의 아침

청아함 걸친 오월
함박꽃 덩어리로

꿩 울음 들려오듯
그리움 매달았다

오월은
장밋빛 사랑
고운 햇살 살갑다.

봄꽃 편지

화창한 봄날 속에
어여쁜 봄꽃으로

반겨준 임이라면
나는야 바람으로

그대 곁
머물다 잠든
하얀 등불 되리라.

겨울에 핀 꽃잔디

소 대한 추위 묶어
맘 찡한 얼음 새 꽃

봄인 줄 선뜻 나와
뭇 별로 잠이 들어

봄 마중
무엇이 급해
홀로 반겨 웃는 너

겨울에 피는 꽃

겨울에 피는 눈꽃
향기를 팔지 않아

벌 나비 없다 한들
햇볕에 지는 꽃잎

입맞춤
달궈진 입술
수줍음에 붉혔다.

벙어리 뻐꾹새

찔레꽃 향기 젖어
뼈 깎는 아픔 있듯

벙어리 뻐꾹새는
밤새워 왜 우는지

나 또한
잠 못 이루며
너의 맘에 날 샌다.

여름날 봄까치꽃

입하가 지난 오월
은하수 별빛처럼

푸르름 물들여서
눈물로 젖은 별이

진주알
보석 빛나듯
봄까치꽃 웃었다.

가시엉겅퀴

아무도 오지 않는
낯 설은 오솔길에

꽃나비 잠이 들어
엉겅퀴 웃고 있듯

해맑은
산새 소리에
발걸음도 가볍다.

연꽃 연밥이 되다

한세상 어우러진
등 밝힌 꽃봉마다

눈물진 삶의 고백
연밥에 가득 채워

뻥 뚫린
등 굽은 세월
벌집으로 숙었다.

금강

억겁의 세월 안고
갈지자 써 내려간

어머니 탯줄처럼
강줄기 터전 따라

물새알
하얀 모래밭
원두막이 그립다.

밤꽃 향기

뻐꾹새 울음 따라
맴돌은 밤꽃 향기

긴 하루 뉘인 숲속
전하는 꿩 울음은

뒷동산
알밤 튼 둥지
안부 소식 전한다.

천년 사랑

비단강 물안개가
그리움 싹 틔워서

매달린 백만 송이
수천 년 등불 밝혀

낮달은
연잎 쌈 안겨
풍악 소리 드높다.

싸락별 내려앉아
반딧불 연등마다

서동과 선화공주
개개비 참사랑은

반딧불
긴 시를 쓰듯
이야기꽃 피웠다.

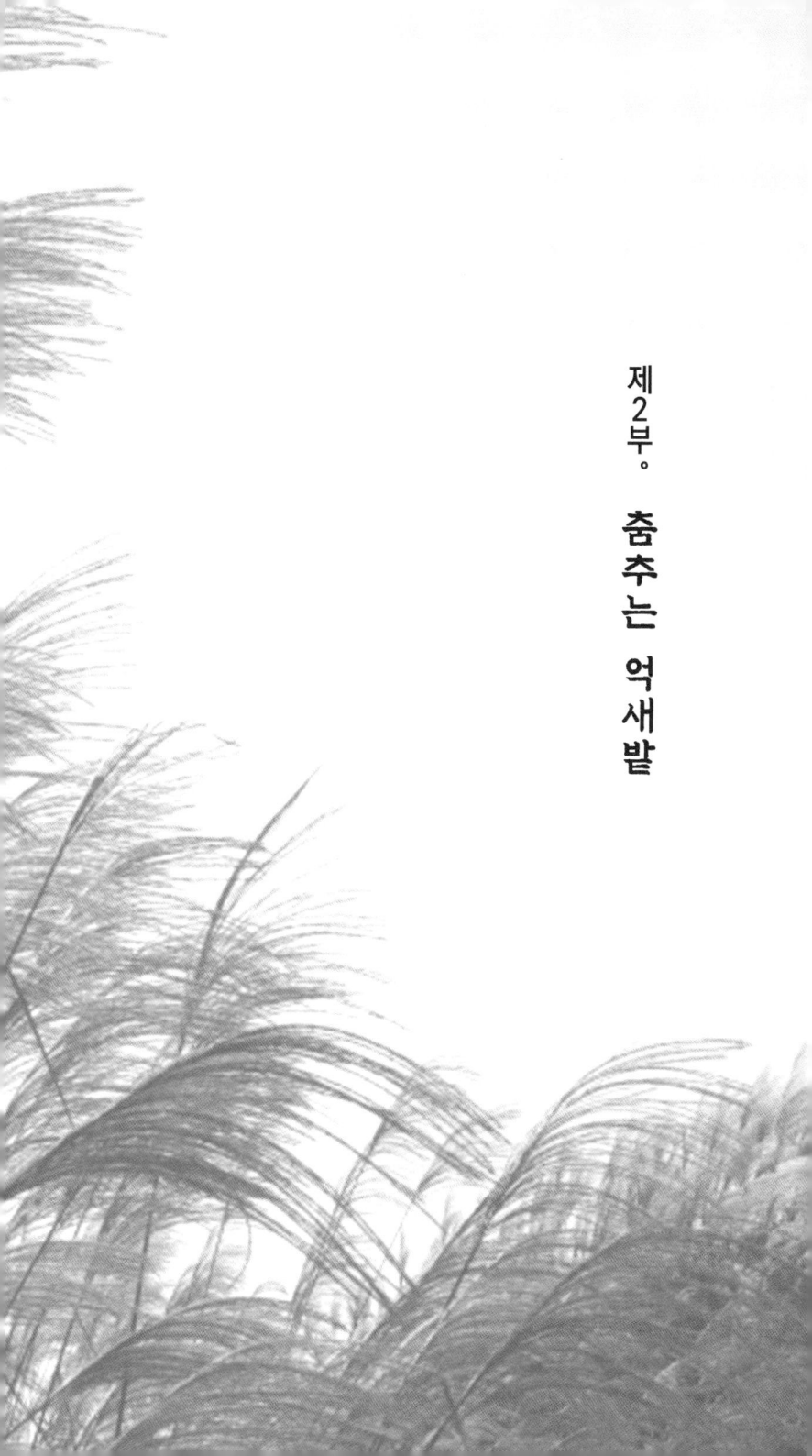

제2부.

춤추는 억새밭

백마강 억새꽃

댑바람 찬 서리에
몸 비벼 우는 가슴

기러기 날개 접어
흰 머리 뉘운 물결

단풍 든
백마강 둔치
억새꽃이 춤춘다.

무지개 다리

번갯불 소낙비에
호랑이 장가들듯

옥구슬 반지 끼워
산과 산 손을 잡네

임이여
오작교 건너
구름 타고 오소서.

봄비 내린 날

봄비에 젖은 가슴
한 움큼 부풀어져

산수유 눈웃음에
찢어진 저고리는

봄 처녀
매달린 하늘
거울 보듯 빛났다.

꽃망울 녹여내어
벗겨진 치마폭에

그리움 촛농 굳듯
눈물이 마른 봄날

낮달이
웅덩이에 빠져
봄소식을 전한다.

3월을 맞으며

싸락별 박혀 핀 듯
양지뜸 봄까치꽃

긴 겨울 꼬리 끊어
새봄을 성큼 안긴

춘삼월
노란 수선화
봄비 속에 웃었다.

군무를 바라보며

해질녘 새 떼 무리
신호등 없다 한 들

부딪침 하나 없이
기막힌 군무 행렬

빙판길
과속 딱지가
웬일이냐 전한다.

가버린 9월

유난히 폭염으로
시달린 지난여름

가려면 후딱 가지
미련에 뒤돌아봐

마음이
저 멀리 있어
부담 없이 떠나요.

오월의 엽서

비 개인 푸르름에
남새밭 어린 모종

뻐꾹새 울음 뉘인
손길이 분주하다

고봉밥
이팝나무에
참새 떼를 부른다.

죽순을 보며

장마에 죽순 크듯 솟구친 그리움이
눈물샘 터진 봇물 맴 시려 굳은 앙금
번갯불 천둥소리에 멍든 가슴 달군다.

살굿빛 머금은 날 속 비운 마디마다
가물치 머리 크듯 묵직이 자란 죽순
올곧게 겉껍질 비운 속마음을 알겠다.

모란꽃 피는 계절

뻐꾹새 울음 뉘여
붉은 피 토해내듯

장미꽃 오월보다
더 찡한 가슴에서

피멍울
찢어진 모란
사랑 고백 뜨겁다.

능소화 연가

절벽에 기어 붙어
가슴에 번진 애정

능소화 웃는 달빛
별빛에 꽃잎 날려

슬프다
동백꽃처럼
목숨 내건 애절함

까치발 고이 접어
내딛는 그리움은

벼랑 끝 곡예사로
바람에 지는 꽃잎

바람 탓
아니라면서
송두리째 떨군다.

매미 울음을 들으며

간밤에 허물 벗어
가수로 태어난 몸

장마 끝 무더위에
재채기 못 숨기듯

무더위
얼씨구 좋아
노래 자랑 공연 중.

노을빛 연흔을 보며

섬과 섬 그리움이
헹궈낸 몽돌처럼

씻겨낸 숱한 나날
조약돌 밀썰물에

해넘이
윤슬이 되어
연흔으로 반긴다.

44

8월의 쪽문

장마 끝 무더위도
세월의 재채기에

파랗게 높은 하늘
가을이 스며들어

달밤에
풀벌레 소리
조롱박이 영글다.

벌초를 하며

예초기 칼날 울음
목 맺혀 우는 뜻은

우거진 조상 묘를
누가 와 벌초할까

장발 된
부모님 봉분
배코 치듯 깎았다.

얼레빗 낮달

얼레빗 은빛 낮달
뒷짐 진 어슬녘에

오려면 곧장 오지
물둠벙 빠져 놀아

가을밤
밤공기 추워
고뿔들까 두렵다.

정원을 거닐며

고와서 눈길 주니
미소로 답을 주네

바람결 예쁜 꽃잎
꽃향기 흔들고서

벌 나비
미친놈처럼
이 꽃 저 꽃 노닐다.

46

정(情)으로 핀 소금꽃

솔바람 자고 가는
뜰 아래 솔 바다 집

짠 내음 소금꽃 정
향기로 토해내어

깊은 밤
정 넘친 얼굴
웃음소리 드높다.

원산도 파도소리
만남을 기약하듯

떡 봉지 흑임자는
입꼬리 드높이며

나눈 정
넘치는 사랑
엄동설한 녹인다.

허수아비

피눈물 하나 없듯
무정한 허수아비

참새 떼 지나치듯
하늘 끝 시린 마음

온종일
꼿꼿이 서서
냉가슴을 덥힌다.

11월의 뒤안길

살얼음 달빛 안겨
떨구는 나뭇잎들

농익혀 내려놓듯
모든 걸 접어 두고

홍어 맛
푹 삭혀 쏘듯
나목 되어 버틴다.

초승달 연정(戀情)

귓속말 가냘픔에
싸락별 실눈 뜨듯

어스레 눈썹달이
샛별과 손을 잡고

초승달
외돛배 되어
노을 뒤로 숨었다.

선화지 담묵 번진
어슬녘 뒷짐 걸음

돛배에 낚시하듯
기다림 이는 파도

봄소식
꿩 울음 울려
꽃소식을 전한다.

11월의 군불

가지 끝 낙엽처럼
모닥불 그립듯이

온몸이 부서지는
절규의 한숨 소리

아궁이
군불을 딛고
붙어있는 나뭇잎

어머님 뼈마디에
삭풍이 애린 아침

백세의 여윈 몸은
장작불 따스함에

온돌방
굽혀진 허리
잠시나마 펴신다.

잎새 달의 하루

봄바람 쉬어가는
새순 잎 가지마다

수줍음 부끄럼이
새색시 입술처럼

명자꽃
속살 보이며
자지러진 눈웃음.

완연한 봄날 속에
목련화 무르익어

꽃잎 새 신음소리
버무린 꽃 내음은

민들레
홀씨가 되어
꿈을 안고 떠난다.

쥐똥나무

울타리 한구석에
새하얀 금싸라기

꿩 울음 들려오듯
코 찡한 꽃향기는

온 누리
푸르름 적셔
자비로움 전한다.

수북이 쌓인 달빛
그리움 꽃향기는

꿈결 속 뜬 눈인 양
바람결 분 냄새로

임 생각
뒤척이다가
새벽 여는 닭 울음.

나뭇가지

뿌리는 하나인데
줄기가 여럿이듯

애당초 한 몸인데
세월에 각각 자라

잘난 듯
서로 다투며
햇빛 향해 자란다.

붕어빵

우듬지 홍시 매단
시장기 지친 저녁

붕어빵 따뜻함에
칼바람 손 비비며

퇴근길
붕어빵 봉지
꽉 찬 행복 뜨겁다.

12월을 맞으며

댑바람 사연 묻힌
갈림길 나목처럼

뜨거운 가슴 안고
누런 잎 떨군 사연

배춧속 속살 절이듯
가슴앓이 애리다.

끝자락 곱게 물든
나뭇잎 이별처럼

시궁창 시간 딛고
내 곁을 접는 아픔

뒤안길 떠난 발자국
저녁놀에 물든다.

겨울밤

앙상한 나뭇가지
헛기침 남겨두듯

흔들고 가는 바람
인연은 스며들어

창문에 달빛 그림자
부엉새가 우는 밤

남몰래 창문 넘어
마실 온 불청객이

이불 속 입김으로
휘영청 밝은 밤은

뭇별이 선잠 든 세월
머문 자리 살갑다.

어머님 기일에

된서리 내린 아침
잎 떨궈 웃는 홍시

어머님 떠올리며
까치밥 아쉬움에

낙엽은
색동저고리
댑바람이 시리다.

크리스마스 선물

언제고 되돌아올
메아리 쌓인 연정

손 뻗어 잡힐 듯이
파도가 밀려옴은

성탄절
추억 물들여
선물 안겨 드려요.

연탄불

오징어 연탄불에
오만상 몸 비틀며

술안주 위로 속에
취기도 달아오른

지난날
애환이 깊은
지친 삶이 웃는다.

.

고드름

뼈마디 등골 녹여
쩡 하고 우는 바람

피눈물 신음 소리
앙금을 녹여내듯

지난 삶
후회의 눈물
목탁 치는 고드름

거꾸로 보는 세상

날이 선 서릿발에
팽개친 노숙자로

거꾸로 보는 세상
올바른 민심 위에

고드름
피 토한 눈물
이 강산을 녹인다.

미선나무

죽은 줄 알고 있던
우듬지 미선나무

가늘은 가지마다
꽃향기 맥이 흘러

사랑이
흐르는 봄날
빗살 웃음 달았다.

겨울비 엽서

우산 속 귓속말은
진솔함 싹이 트고

거친 말 분노 끝은
멍들어 잠든 새싹

겨울비
느린 우체통
봄소식을 전한다.

고구마 캐는 날

황토 땅 꿀 고구마
긴 가뭄 역경 딛고

덩이 채 뽑힌 기쁨
땅속 깊이 넘쳐흘러

쇠불알
넘실대듯이
발걸음도 춤춘다.

빗살나무 단풍

찬 이슬 눈물범벅
세월을 품었어라

농익어 곱게 물든
붉은빛 빗살나무

망울진
국화 송이가
너의 삶을 닮는다.

모래성 법치

무엇이 그리 급해
내친 듯 이랴 이랴

어느 땐 그게 아녀
쩌쩌 쩌 고삐 틀며

워워 워
멈춰 서라고
제 맘대로 외친다.

민주주의 꽃

화투판 밑장 빼기
가짜가 판을 친다

가면 속 곪아 터진
날이 선 부정선거

민심은
법 위의 제왕
내 목소리 낼 때다.

서광을 바라보며

좋은 일 생길 징조
남해의 끝자락 섬

한반도기가 모여
서광이 비춰졌다

봄소식
꽃바람 타고
이 강산을 녹인다.

제3부.

비단강 노을

민들레 꽃

돌 틈새 비집고 핀
샛노란 민들레꽃

비탈길 위험하니
조심히 내려가라

긴 시간
신호등 되어
노란 불로 켜있다.

산사의 하루

바람결 멍든 아픔
선계의 풍경소리

이 한 몸 촛불 태워
해탈문 넘는 속죄

중생들
목탁 소리에
하루해가 저문다.

맥문동 꽃

보랏빛 맥문동 꽃
펼쳐진 송림 숲은

솔 내음 바닷바람
와 닿는 상큼함에

오솔길
사랑이 웃어
고운 햇살 어르다.

홍매화

창공이 찢어지는
설렘의 떨림처럼

순정의 붉은 입술
분홍빛 가슴으로

눈 맞춤
뒤흔든 자태
임을 보듯 고와라.

개나리 꽃

병아리 입 벌리듯
모두 다 흥얼대는

봄바람 울고 가면
노오란 개나리꽃

봄 햇살
봇짐을 풀어
노랑나비 춤춘다.

백도라지 꽃

개망초 묵정밭에
손짓의 바람결은

자갈밭 비집고서
달빛에 눈물보인

눈 맞춤
백도라지 꽃
긴 허리 펴 반긴다.

동백꽃 피는 날

칼바람 울어대는
가슴의 분홍빛은

하늘이 찢어지는
설레임 순정처럼

입맞춤
큰 눈물 뚝뚝
붉은 방석 깔았다.

가슴속 자리 잡은
새색시 붉은 입술

먼 하늘 내려앉아
잔별이 잠이 들어

분홍빛
첫 입맞춤에
기절하고 말았다.

동백꽃 피는 날에

피멍든 아픔으로
벙글 듯 부푼 가슴

잎사귀 윤슬 따라
그리움 잠재워서

눈 위에
핑크빛 사랑
불태우는 꽃망울.

벌 나비 없는 겨울
꽃향기 날리우며

말 못해 쌓인 앙금
흰 파도 밀려오듯

빨갛게
불타오르는
그리움을 전한다.

봄비에 꽃 피다

꽃망울 녹여내어
벗겨진 분홍치마

그리움 촛농 굳듯
눈물이 마른 봄날

한 송이
여인이 되어
분 냄새를 안긴다.

양파를 까며

각시의 한마디 말
대장부 끙끙댄다

자존심 꺾어 접는
보듬는 눈물인가

무심코
양파 몇 개에
훌쩍대는 사나이

능소화

달빛이 녹아내려
뭇별로 지는 꽃잎

개개비 우는 뜻을
능소화 눈물 보여

애닲다
못다 한 사랑
송두리째 뒹군다.

까치발 고이 접어
내딛는 그리움은

벌 나비 없다 한들
순애보 꽃을 보듯

바람 탓
아니라면서
선비답게 지는 꽃.

꽃잎 지는 날

소쩍새 울먹인 밤 설잠잔 눈시울은
둥지 튼 내 가슴에 은 달빛 눈물 쌓여
꽃 무덤 붉은 입술로 옷고름이 젖는다.

세월에 지는 꽃잎 바람 탓 아니 하듯
별똥별 아름답게 한줄기 뭉친 빛은
눈썹달 농익은 봄밤 등불 되어 떨군다.

별빛이 잠들어서 숨죽인 명지바람
꽃잎에 머문 자리 목을 뺀 기다림은
감자밭 연줄에 매단 숱한 인연 달았다.

가을날의 벗꽃 길

한때는 봄꽃 향기
꽃비를 흩날렸지

세월에 볼품없이
찢어진 누런 낙엽

추레한
자신을 보듯
나목 되어 뒹군다.

백합꽃 향기

실바람 그늘로 짠
세모시 걸친 자태

흰 달빛 젖은 세월
바람결 꽃향기는

글 읽는
선비 목소리
밤공기를 가른다.

등나무

고운 임 오시는 길
돌부리 살펴 오라

초록빛 뒤로 하고
초롱불 걸친 가지

밑둥걸
심지 박아서
어둠 세상 밝혔다.

가슴속에 핀 꽃

꽃으로 가꾼 가슴
한 달 후 볼 수 없어

나무로 심었더니
십 년 후 그늘 되듯

너와 나
보듬어 주면
평생 두고 꽃핀다.

하얀 동백

댑바람 견딘 혹한
설렘에 속살 보듯

하늘이 찢어져서
쩡 하고 웃는 꽃봉

통째로
큰 눈물 뚝뚝
하얀 방석 깔았다.

순정을 지킨 너는
벌 나비 없다 한들

뭇별을 잠재워서
이슬로 꽃핀 너다

송두리
하얀 웃음에
기절하며 반긴다.

빨래집게 사랑

빨랫줄 빨래집게
턱걸이 하는구나

해 들면 너를 만나
약속을 지킬 거야

젖은 몸
마를 때까지
사랑으로 붙잡다.

우리 사랑

군침에 할딱대는
뽕나무 오디 보소

빛깔이 빨갛다고
익은 건 아니라고

풋사랑
장밋빛 아닌
오디처럼 검붉다.

금계국 꽃길

촉촉이 내린 비에
만개한 금계국이

금강 물 출렁이듯
샛노란 춤사위로

아직도
유왕산 탄식
허리춤에 우는가.

장미꽃 필 무렵

티 없는 하늘처럼
장미가 고운 것은

당신의 마음 밭엔
향기로 꽃 피우기

오월은
사랑이 웃듯
세상 삶이 더 곱다.

부처님 오신 날

단비에 덩굴장미
정열을 쏟는구나

나 또한 너를 향해
뜨거운 눈빛으로

초파일
등불 켜 놓듯
붉은 사랑 밝혔다.

연꽃

한세상 어우러진
등 밝힌 꽃봉마다

눈물진 삶의 고백
씨방에 가득 채워

등 굽어
뻥 뚫린 세월
벌집으로 숙었다.

빨래집게

나는야 빨래집게
당신은 젖은 빨래

몸부림 폭풍우에
내 곁을 떠날 운명

기다림
마를 때까지
꼭 껴안고 있었다.

뉘어진 바지랑대
잠자리 쉬어가듯

둠벙에 달그림자
실바람 귓속말도

별과 달
잔물결 일어
숨바꼭질 어리다.

으아리 꽃에 반하다.

말복에 웃고 있는
으아리 꽃을 보소

대 팔자 누워있듯
온 세상 다 가졌듯

아무리
무덥다 해도
웃음으로 반긴 너.

꽃무릇

사무친 그리움이
긴 목 뺀 솟대처럼

밤낮을 기다리며
더위에 지쳤구나

소나기
속 탄 가슴을
달래주듯 적시다.

비익조의 가을날

다가선 깨금발로
다독인 위로 속에

비익조 마음 엮어
앙감질 두 손 잡고

가을날
붉은 감 익듯
고운 꿈이 영글다.

봄비

콧구멍 후벼내듯
그리움 녹여내어

농 흐른 촛불처럼
눈물로 굳은 사랑

밤새워
내린 봄비에
봄까치꽃 웃었다.

상사화 가을 하늘

그리움 말해주듯
하늘도 하트 모양

수채화 그림 그려
가을을 노래한다

상사화
포장도 뚫고
그리움을 얹었다.

남천나무

혼자서 가을 맞는
한겨울 남천 나무

눈보라 휘날림도
아랑곳 아니 하고

설한 속
뜨거운 열정
눈 녹이며 붉혔다.

겨울나무

앙상한 나뭇가지
바람에 떨고 있다

동백꽃 마음 얹어
솜이불 감싼 사랑

안쓰러
달빛조차도
실핏줄을 녹인다.

호박고구마

고구마 단호박 맛
고라니 눈독 들여

낮달이 쉬어가듯
날짐승 몫 이어서

애당초
모기장 덮어
봄 고구마 심었다.

백리향

연둣빛 푸르름에
백리향 꿀 향기는

벌 나비 손짓 속에
청명함 걸쳐 놓고

긴 봄날
땅에 엎드려
작은 별을 재운다.

새싹의 힘

한 포기 풀뿌리에
굳은 땅 요동치듯

낙숫물 돌 패이듯
새싹이 힘을 쓰네

똥 힘을
주고 나더이
아스팔트 가른다.

꽃다지

잎새 달 들녘에 핀
샛노란 꽃다지가

잔칫집 향기 돋듯
봄비에 솟은 꽃대

벌 나비
금싸라기 꽃
떼를 지어 노닐다.

슬픔은 저 하늘에

그믐달 어둠 밟고
내딛는 슬픔이다

회오리 옷깃 적신
비운의 운명이여

먹구름
상사화 맺힌
맑은 하늘 뉘었다.

84

괭이밥 꽃

흔한 꽃 잡초 아닌
화초로 살고 싶어

백리향 꽃 속에 핀
가냘픈 괭이밥 꽃

잘난 듯
콧대 높이어
존재감을 보인다.

합평회(合評會)

어물전 생선 되어
귓전이 따가워서

남의 입 맛깔 맞춰
해물탕 양념하니

처방전
쓴소리 명약
고드름도 녹인다.

제4부.

세월의 강

기다림의 행복

샛별과 눈썹달이
손잡듯 기다림은

초저녁 어둠 맞아
싸락별 속삭임에

너와 나
만남도 어쩜
깊은 밤의 반짝임

혹한을 이겨내고
꽃향기 기다림은

벌 나비 반겨 맞아
봄비에 웃는 꽃봉

꿩 울음
여운을 남겨
가는 봄을 잡는다.

인생 여정

갈 곳이 있는 새는
폭풍우 몰아쳐도

죽음 앞 연어처럼
꽃핀 날 꽃길 가듯

인생도
달팽이처럼
돛을 달고 떠난다.

우리 인생 삶이란

한평생 부린 욕심
빈손 쥔 불티처럼

조약돌 씻기우듯
얼굴에 패인 인연

지는 해
기다림 속에
짊어진 삶 알겠다.

작은 행복

아침에 눈을 뜨면
반기는 꽃향기에

지친 삶 일거리는
새날의 꿈이 있어

오늘도
살아 있음에
행복함을 느낀다.

먼 밤길 홀로 가도
함께 갈 달이 뜨듯

바람결 구름처럼
돛단배 노가 되어

동반자
노을빛으로
고운 하늘 물든다.

껌 딱지 붙어있듯
똬리 튼 붙박이로

샛노란 민들레 꽃
신호등 역할 하니

그림자
웃음 따라서
나의 행복 환하다.

꽃잎의 흔들림도
인연의 만남으로

따스한 햇살 감싸
비바람 우산 되어

숫돌에
보듬는 사랑
꽃길만을 걷는다.

가슴에 핀 눈물

소쩍새 밤새 울어
별똥별 눈물 쏟듯

각인된 아린 가슴
옷깃에 슬픔 젖어

아무리 그리워해도 부모 없는 빈자리

꽃으로 피고 진들
눈물도 없는 걸까

물고기 눈시울에
새들의 지저귐도

달무리 무지개 되어 고운 눈물 보인다.

목청 쉰 매미 울음
벼랑 끝 절규처럼

흰서리 내린 가을
젊음을 염색한들

또다시 기쁨의 눈물 진주되어 웃을까.

가을 호박

긴 터널 어둠 뒤에
여명의 빛을 보듯

눈 감고 보는 세상
허공 속 유혹 빛은

빈 낚시 쭉정이 미끼 날름대며 속인다.

바람결 웃는 꽃에
벌 나비 꽃향기는

풀잎에 맺힌 이슬
순정의 눈물 보듯

벼 이삭 고개 숙인 뜻 참한 마음 알겠다.

무관심 호박꽃이
늙어서 사랑받듯

남몰래 풀 속에서
보란 듯 웃는 호박

탐욕도 묻어버린 삶 너의 진심 전한다.

경칩 절기에

밤새워 울어대는
뜨거운 아픔으로

밤하늘 찢기우며
새봄을 열고 있다

멍하니
바라본 하늘
재채기로 답한다.

군고구마

뜨끈한 군고구마
탔지만 네가 좋다

세상사 겉만 보고
모두 다 좋다 한들

황금빛
호박고구마
맛의 변신 무죄다.

동지팥죽

푹 패인 주름살에
늦잠 잔 쉰 햇살은

뒤 꽁지 뵐 듯 말듯
깔딱댄 옷을 입고

긴 긴 밤
손비며 녹인
옹심이를 부른다.

선유도 쪽빛바다

칠월의 가슴으로
온몸을 불 지핀 너

갯바위 흰 포말은
뜨거운 눈빛으로

섬과 섬
손 뻗은 연정
까만 연밥 달았다.

나의 행복

아침에 눈을 뜨면
반겨줄 꽃이 피어

지친 삶 일거리에
새날의 꿈이 있듯

오늘도 살아 있음에 행복함을 젓는다.

나 홀로 먼 길 가도
함께 갈 달이 있듯

바람결 구름처럼
돛단배 돛이 되어

동반자 노을빛으로 고운 하늘 그린다.

꽃잎의 흔들림도
인연의 만남으로

따스한 햇살 감싸
비바람 우산 되어

무지개 보듬는 사랑 꽃길만을 걷는다.

갯바위에 앉아

칠월의 가슴으로
온몸을 불 지핀 너

갯바위 흰 포말은
뜨거운 눈빛으로

섬과 섬 손 뻗는 연정 까만 연밥 달렸다.

죽음 앞 연어처럼
신나게 물길 쫓듯

폭풍우 몰아쳐도
갈매기 갈 곳 있어

돛단배 뱃길을 따라 만선 깃발 달았다.

달빛이 녹아내려
뭇 별로 지는 꽃잎

개개비 우는 뜻을
능소화 눈물 보여

애닮다 못다 한 사랑 송두리째 뒹군다.

모래언덕

날 저문 짧은 세월
드리운 어둠의 빛

구멍 난 그루터기
잔별이 내려앉아

아린 맘
높은 댕이에
모래언덕 쌓였다.

가는 세월 어쩌랴

덧없는 세월의 강
말 없는 강물처럼

무심코 부는 바람
뻥 뚫린 가슴 보듯

지는 해
한 조각 구름
친구 따라 흐른다.

문풍지 황소바람

세상이 고운 것은
보듬는 큰 사랑이

겨우내 참꽃처럼
꽃 피기 때문이다

눈사람
따뜻한 가슴
웃음꽃에 녹는다.

맘씨를 뿌린 텃밭
새소리 지저귐은

꽃향기 머문 세월
흐르는 고운 미소

문풍지
황소바람도
새봄 안겨 반긴다.

백원 동전의 의미

무관심 세월 속에
가볍게 여겨왔던

땅바닥 내굴리던
백원의 동전 주화

누굴까 이름표 없는 이충무공 초상화

동전의 톱니바퀴
백열 개 맞물리어

화합을 암시하듯
다투지 말라 해도

나라 꼴 당리당략에 애달프게 어둡다.

불멸의 바다 장군
45전 불패 신화

구국의 승전보로
새겨진 이름표는

이순신 드높은 위상 위조 없이 살라 한다.

큰 보름달을 보며(슈퍼문)

깊은 밤 반긴 달빛
터질 듯 넘쳐흘러

거리를 접어둔 척
소원을 빌어보며

그리움
구름에 누워
달빛 야행 떠난다.

약속

빨랫줄 집게 모습
턱걸이 힘을 쓰듯

해 들면
너를 위해
약속을 지킬 거야

젖은 몸
마를 때까지
사랑으로 붙잡다.

22구멍 연탄

자기 몸 태워 가며
남 위해 살아온 널

천대 속 세상인심
박하게 한다지만

세상에
살신성인은
너뿐인가 하노라.

낙엽 엽서

하늘이 내려앉아
눈망울 호수처럼

잎 떨군 머문 자리
긴 사연 노래하듯

간절함
댑바람 안고
나목으로 서 있다.

산까치 밥

그리운 장갑보다
그대 손 따뜻하듯

옷 벗은 가지마다
고뿔 든 긴긴 밤을

곶감 맛
눈독 들이고
산까치 떼 앉았다.

디딤돌 같은 당신

굄돌을 무시 마라
작다고 깔보다가

너의 곁 떠나가면
나 또한 무너질 걸

조각 돌
디딤돌처럼
표상으로 삼는다.

회춘

입동이 지났어도
토끼풀 싱싱하듯

들국화 향기 돋궈
모여든 벌 나비 떼

세상은
이상 기온에
회춘한 듯 푸르다.

김장 마늘 까는 이유

양념은 마늘 없이
김장 맛 낼 수 없어

잔손질 많다 해도
어렵게 마늘 깐다

너와 나
김치 맛 내듯
궁합 이뤄 어르다.

세월의 강

꽃향기 꽃잎 쓸며
바람에 웃고 우는

구름 속 달님처럼
인생 삶 흘러가듯

무시로
싹트는 사랑
세월의 강 흐른다.

행복 엽서

떨구는 나목 보듯
비우는 가슴으로

전하는 행복 엽서
웃음꽃 보고 있듯

기쁨은
오늘 하루를
아름답게 살 때다.

새해 아침 해오름

어머니 가슴 깊이
솟구친 해 오름은

어둠 속 세상 밝힌
수호신 불덩이로

을사년
장엄한 소망
태평성대 이뤄라.

대둔산 솟아오른
사비문 여명 뚫고

응어리진 불덩이
소망을 장엄하게

벼루 밭
붓필 농사를
해오름에 기댄다.

나이테를 새기며

옹이로 굳어버린
옭매듭 사연들은

해넘이 바다 위에
물들듯 곱게 풀어

새해엔
웃는 얼굴로
떡국 나눔 반긴다.

자포자기

뛰어난 문지기와
혼 빠진 수비수들

광기에 미친 듯이
자살골 방조한다

도마뱀
꼬리 자르고
살려 하니 우습다.

잡은 손에 물들다.

매서운 칼바람도
비껴간 고운 손결

포갠 손 따스함이
만년설 녹여내듯

저절로
입 꼬리 올린
웃음소리 드높다.

나목으로 우는 밤나무

갈맷빛 시절 딛고
잉태한 알밤 보소

석류알 벌어지듯
옷 벗어 꿰맨 세월

바람결
소라 껍데기
우는 속을 전한다.

동행

남의 속 도리려고
멋대로 아픈 건지

승낙을 아니 하니
세월아 비껴가라

아직은
아플 때 아냐
좋은 세상 반긴다.

강물이 되어

내 가슴 깊은 곳에
큰 강이 흘러간다

나룻배 노을 저어
무사히 건너가길

순풍에
가시는 먼 길
너를 안아 모신다.

알프스 산맥을 넘으며

알프스 산맥 넘는
펼쳐진 장관마다

별들이 내려 잠든
샛노란 민들레꽃

알프스
하늘 끝자락
만년설을 녹인다.

리기산 정상에서

산마루 흰 눈 쌓인
초록빛 초원마다

민들레 양지꽃이
환하게 반겨주듯

알프스
리기산 정상
요들송이 흐른다.

대통령 선거

어미의 뱃속에서
갓 깨난 우렁처럼

한 뿌리 두 갈래 순
어미 살 깎아 먹듯

일등은
키높이구두
신은 자만 웃는다.

아버지란

등 굽은 세월 뒤에
골 패인 삶의 무게

막걸리 뚝배기에
시름이 침잠하고

땀내로
우리 아버지
두 어깨에 얹혔다.

추억의 땅콩과자

호남선 비둘기호
심심풀이 땅콩이

배고픈 학창 시절
옛 추억 떠 올린다

꼬르록
새참 때 입맛
땅콩과자 땡긴다.

번데기

누에 실 갓 뽑은 듯
삶아 낸 번데기다

늘어진 목소리 뻔--
귓가에 맴도는 날

명주실
물레에 끌려
어린 시절 그린다.

뻥이요

놀란 듯 뻥 소리에
폭탄이 터진 듯이

돈벼락 쏟아지듯
옥수수 왕 튀밥이

뻥이요
연기와 함께
모든 시선 모은다.

할미꽃과 봄나물

봄나물 오일장에
덤이 된 할미꽃도

할아범 그리움이
가득 찬 바구니는

할미꽃
봄 햇살 가득
봄 향기가 흐른다.

프랑스 콜마르 꼬마열차

비 오는 덕분으로
콜마르 경노 관광

신나게 꼬마열차
삐-끄덕 잘도 간다

팔백 년
시간이 멈춘
그 당시를 즐긴다.

건널목

나무는 무더울 때
그늘이 되어 주듯

소낙비 내리는 날
비 맞지 아니하게

건널목
신호등 되어
안전하게 모신다.

114

공작새꽃

꽃으로 울고 있는
꽃섬의 공작새꽃

얼마를 울고 나야
하늘을 날 수 있나

보고파
그리움 젖어
꽃향기로 전한다.

작은 호수에 머물다

뾰쪽한 산봉마다
하늘이 찔려있듯

한여름 눈에 덮여
물속에 잠겨 있다

바람결
쉬어 가듯이
신선 되어 머물다.

어버이날

어버이 사랑보다
드넓고 깊은 사랑

이 세상 어디에다
비할 바 하나 없어

저세상
계신 부모님
불러본들 눈물뿐.

아버지의 꽃

세월은 등이 굽고
골 깊은 삶의 무늬

땀 절은 발걸음이
상머리 맥 풀리니

고단한
아버지 등짝
소금꽃이 피어나.

소나무

등 굽은 세월 안고
눈물을 감춘 너는

푸른빛 잃지 않고
추위도 견뎠어라

화선지
봄비에 솔잎
새순 돋아 푸르다.

청양 5일장

칠갑산 5일 장에
별의 별 골동품은

사람 정 때 묻혀 온
볼거리 박물관은

호랑이
담배 피던 시절
삶의 지혜 웃는다.

❚ 들샘 이흥우

•《시조문학》 2001 봄호 등단
•수상: 2020한국문학인상(한국문인협회)
•시조집『비단강 노을』 외 6권
•주소: (우)33164 부여군 부여읍 왕중로 159
•전화 · 이메일: 010-4410-0848. lhw0848@hanmail.net

들샘 이흥우 제7시조집

비단강 노을

지은이 | 이흥우
펴낸이 | 박영호
펴낸날 | 2025년 8월 21일
펴낸곳 | 도서출판 **다래헌**
        대전광역시 동구 선화로 218-1(정동 39-26)
        TEL(042)254-2599~8
        FAX(042)254-2549
        E-mail daraeheon@naver.com

ⓒ이흥우, 2025. Printed in Daejeon, Korea
ISBN 979-11-6414-637-6 03810

값12,000원

*본 도서는 충남문화관광재단에서 발간 비를 지원받았습니다.

비단강 노을

비단강 노을